TRAITÉ

DES

PAPIERS PUBLICS

DANS LEQUEL

On montre que la liberté des Journaux est incompatible avec l'ordre public comme avec l'esprit et le texte de la Charte : que cette liberté attente à la propriété des auteurs entrave les prospérités de la France tue notamment le commerce de la Librairie et que c'est précisément parce que la liberté des Journaux existe que la liberté de la Presse n'existe pas.

Par J. A. GAY

Membre de l'ancienne Faculté de Médecine et de l'ancienne Société d'Agriculture et des Arts de Montpellier : ci-devant Médecin d'un Hôpital de la même ville.

IMPRIMERIE DE ROUGERON RUE DE L'HIRONDELLE N.º 22.

A PARIS.

Chez HUBERT Libraire au Palais-Royal galerie de Bois N.º 222 :

Et CARNEVILLIER Libraire au Palais-Royal galerie de Bois N.º 254.

JANVIER 1822.

TRAITÉ

DES

PAPIERS PUBLICS.

~~~~~~

TROISIEME PARTIE.

Ou je me trompe fort ou la question de l'ordre public gît tout entière dans la question de la liberté des journaux. Un mot donc encore sur cette matière. Epauler chacun selon ses petits moyens l'édifice social c'est étayer sa propre maison.

Les rédacteurs de la Quotidienne du 14 fé-

N. B. La première partie de cet écrit a paru en janvier 1819 la deuxième en juillet 1821 et la troisième en janvier 1822.

Les virgules m'ayant paru plus propres à entraver la marche du discours qu'à l'éclaircir je les ai supprimées dès la deuxième partie de cet écrit hormis dans le cas où la virgule unie au point sert à suspendre le sens de la phrase. Aujourd'hui je supprime entièrement la virgule vu que le point peut la remplacer. Ainsi le sens de la phrase est-il terminé ? un point. Le
~~~~~~

vrier 1821 engagent le gouvernement à s'armer de toute sa puissance. Ainsi auroit agi Eole si retenant les vents dans ses outres il avoit invité l'armée des Grecs à s'acheminer vers Troie. Les gouvernements ne peuvent déployer toute leur puissance parce que les J. (1) l'enchaînent. C'est des journaux que se répand sens cesse dans le monde l'esprit d'insubordination qui le trouble. Le pouvoir n'a pas toute l'énergie dont il a besoin parce qu'une portion du pouvoir et la fleur du pouvoir je veux dire l'opinion est entre les mains des J. leur puissance se compose donc de celle qui

---

sens est-il suspendu ? deux points. Tant que le discours marche rapidement il me semble qu'il ne faut pas distraire l'attention du lecteur par la ponctuation. La réforme dont je donne ici l'exemple me paroît avoir l'avantage de faciliter la lecture et d'épargner beaucoup de temps aux auteurs et aux imprimeurs. Or le plus mince travail qui économise le temps dans une vie si courte ne doit pas être dédaigné.

A la page 91 ligne 18.ᵉ l'auteur a commis une disraction. Il a dit : *ainsi qu'on l'a vu plus haut* il falloit dire : *ainsi qu'on le verra ci-après.* il y a aussi quelques fautes d'impression. A la page 101 ligne 8.ᵉ on a mis *titres* il falloit : *textes.* Il y en a plusieurs autres que le lecteur corrigera facilement telles que *motifier* pour *notifier* etc.

(1) J. signifie journaliste.

manque à l'autorité. Lors donc qu'ils demandent que l'autorité acquière plus de force c'est implicitement leur réforme qu'ils provoquent.

Objectera-t-on que les J. sont un frein pour l'autorité ? Mais alors il seroit bon sans doute qu'on leur mît un frein aussi : et où le trouverez-vous à moins que vous ne pensiez qu'il faut un frein à l'autorité et qu'il ne faut point de frein aux J. ? A moins ? Telle est exactement leur prétention ainsi qu'on l'a vu plus haut: ambition qui à force d'être ridiculement démesurée échappe à toute dénomination.

Dira-t-on enfin que les J. étant le frein de l'autorité auroient eux-mêmes un frein dans la censure ? Soit. Mais la censure ne pouvant être exercée que par des hommes qui à leur tour peuvent abuser réclame également un frein : et l'on ne voit pas où se termineroit cette progression de pouvoirs subordonnés et de pouvoirs réprimants. Il faut donc s'arrêter. Où ? Au point où l'ordre veut qu'on s'arrête : à l'autorité royale. Heureusement les François ont une suffisante garantie de leur bonheur dans l'inaltérable attachement qu'a pour eux l'auguste maison qui les gouverne.

Quelques personnes croient que les lois autorisent tout ce qu'elles ne défendent pas et que par là même que la Charte n'a pas interdit nommément les journaux elle les permet. Ce principe est un de ceux qui ont fait la révolution et s'il étoit adopté il seroit propre à la recommencer. Heureusement il est faux. On feroit une bien longue liste de tout ce qui n'est pas permis et que cependant nulle loi ne défend. Le bon sens est le législateur suprême qui plane sur toutes les lois et supplée à ce qu'elles ont volontairement ou involontairement omis. Par exemple si l'on avoit lu la disposition suivante dans la charte : un papier public ne deviendra jamais la propriété d'un particulier : on auroit trouvé cette disposition niaise par son évidence même. Aussi cette disposition ne se trouve pas dans notre Code fondamental non plus que la suivante également évidente et conséquemment aussi superflue : nul emploi public ne deviendra la propriété patrimoniale d'un particulier.

Supposons que la chasse soit permise. Un homme vient et dit : La loi en permettant la chasse n'a fait aucune exception pour les rues : et comme tout ce que la loi n'interdit pas est permis il est permis de chasser dans les rues. D'après ce beau raisonnement voilà mon homme qui va chasser aux hirondelles dans les rues de Paris. Bien que cet homme ne fasse de mal à personne cependant la police le fait arrêter vu que non seulement il ne faut pas nuire aux gens mais qu'il ne faut pas même les effrayer. Nulle loi positive pourtant ne défend d'effrayer les citoyens. Le seul bon sens ce suprême législateur que j'ai déjà invoqué l'interdit. Cet exemple et l'on en pourroit alléguer plusieurs du même genre suffit pour montrer ce qu'il faut penser du prétendu axiôme en vertu duquel on établit que tout ce que la loi ne défend pas est permis.

« Les ministres dit M. Fiévée prétendent que la liberté légale des journaux n'est pas comprise dans la liberté légale de la presse : c'est-à-dire que le moyen le plus efficace de publier ses pensées ne fait point partie de la publicité des opinions. » (Hist. de la session de 1820 p. 283).

Sophisme : vu qu'on présente ici comme un droit l'abus d'un droit. Si cette raison étoit bonne elle justifieroit celui qui allant placer des tréteaux sur le carousel pour y haranguer les passants diroit qu'il ne fait autre chose que se servir d'un moyen *plus efficace* pour se faire entendre. D'ailleurs un journal n'est pas le moyen le plus efficace de publier ses pensées. Le moyen le plus efficace est celui qui est à la portée du plus grand nombre. Or le plus grand nombre n'a pas dix mille francs de rente.

A l'exception du gouvernement révolutionnaire qu'il ne faut pas compter puisqu'il ne fut que le règne du désordre tous les gouvernements ont enchaîné les feuilles publiques : et il est probable que s'ils avoient cru pouvoir gouverner avec elles

✱✱

ils n'auroient pas négligé ce moyen de se rendre agréables aux peuples. On peut donc regarder cet interdit toujours jeté sur les journaux comme une preuve fournie par l'expérience que la force dont jouissent les J. est exorbitante et anti-sociale. Il faut donc la briser. Mais faut-il l'attaquer immédiatement après avoir laissé les J. se plaindre de leur esclavage soit par leurs paroles soit par leurs pages de papier blanc : réclamation muette mais habile laquelle annonçant une lésion éprouvée à la fois et par les abonnés qui reçoivent un journal imparfait et par les J. qui ayant payé pour tout dire ne peuvent pas tout dire associe ainsi une partie de la société à leurs intérêts ? Je ne le pense pas. Tout projet de loi présenté dans ces circonstances sera selon moi intempestif. Avant que la loi soit soumise aux Chambres je pense qu'il est à propos qu'elle soit élaborée pétrie murie dans l'opinion : c'est-à-dire que c'est dans les journaux mêmes qu'il faut discuter s'il est utile de laisser la liberté aux journaux.

On ne vaincra jamais les Romains que dans Rome.

R. AC.

Les J. s'étant emparés de l'opinion c'est devant le tribunal de l'opinion même qu'il faut examiner s'ils en sont les légitimes propriétaires : et ce n'est pas faire tort à des gens exercés à défendre toutes

Jes causes que de les appeler à défendre leur propre cause dans leurs feuilles. On ne leur fera pas
tort non plus quand le public sera enfin admis à
y faire entendre ses défenses. Ils ne peuvent pas
opposer au Corps législatif qu'ils sont propriétaires exclusifs de leurs feuilles. En effet il faut se rap-
peler ici que jusqu'au 19 juin 1819 un journal n'a
jamais été autre chose qu'un privilége qui émanoit
du Gouvernement. Que si le 19 juin 1819 le Corps
législatif jugea à propos dans sa sagesse de trans-
porter aux J. une propriété du Gouvernement à
plus forte raison a-t-il le droit aujourd'hui de restituer au Gouvernement une propriété éventuelle
et conditionnelle des J. : conditionnelle dis-je car
le Corps législatif mit à ce don la condition sinon
formellement exprimée du moins tacite qu'ils n'en
abuseroient pas. Telle est la condition tacitement
renfermée dans toutes les lois. Toutes ont pour
but l'utilité publique : et lorsquelles ne remplis-
sent pas l'intention du législateur il les abroge.

Remarquez qu'aujourd'hui l'on n'entend dans la
société que la voix des J. et qu'il est temps que par
l'organe des auteurs le public fasse enfin entendre
la sienne. Les rois de France auroient eu de la
peine à triompher de la noblesse s'ils n'avoient af-
franchi les communes. Je pense également qu'aujourd'hui il sera difficile au Gouvernement de re-
prendre la portion du pouvoir qu'ont envahie les J.

**

1..

si l'on n'affranchit les auteurs de l'aristocratie des J. Je crois donc qu'un préliminaire indispensable à la confection d'une bonne loi sur les journaux est la promulgation de la loi suivante : « Il sera ouvert un débat contradictoire dans les feuilles publiques à l'effet d'examiner si la liberté des journaux est utile ou pernicieuse à la société. Une commission composée des Présidents des deux Chambres accueillera les notes qu'on lui adressera à ce sujet et elle sera autorisée à les faire insérer dans toutes les feuilles publiques : sauf bien entendu au propriétaire de chaque journal à débattre les notes qu'il aura publiées comme à réclamer une indemnité relative aux frais qu'occasionnera leur publication. »

Quand les Chambres s'occupent de la question relative aux journaux on est accablé d'une multitude de discours qui effrayent par leur longueur et que souvent on ne lit pas : et à ce débordement de harangues succède un long silence qui n'est interrompu que par l'éloge que les J. font des journaux. L'opinion reste ainsi toujours inclinée en leur faveur. Au lieu qu'une discussion exécutée d'après le mode que je viens d'exposer et prolongée pendant un an ou dix-huit mois plus ou moins donneroit ce me semble pour résultat une opinion véritablement impartiale et qui dès-lors pouvant s'appeler légitimement l'opinion publique deviendroit un fondement judicieux de la loi à intervenir à cet égard.

Quand on voit MM. Fiévée et Guizot préconiser : le premier les *supériorités sociales* et le deuxième *l'aristocratie naturelle* il semble que leur pensée est que la plus haute considération doit être le partage de celui qui montrera et le plus de génie et le plus d'instruction. Cela est au mieux. Mais ensuite comment nous prouvent-ils qu'ils ont et plus de génie et plus d'instruction que leurs concitoyens ? Comment ? en s'établissant M. Fiévée dans la *Quotidienne* et M. Guizot dans le *Courrier François*. Mais il me semble que si ces messieurs ont réellement l'intention de fonder l'empire du mérite ils devroient au lieu de faire des journaux en provoquer la suppression : car un journal n'est ni une *aristocratie naturelle* ni une *supériotité sociale*. Un journal est l'aristocratie de la force est la supériorité de la force : non de la force intellectuelle mais de la force physique. Un J. est un homme qui associant à la sienne la force de plusieurs en accable toute personne qui le contredit. Un journal est un abrégé de la révolution qui ne fut autre chose que la force de plusieurs contre un seul. On isola les citoyens par la terreur. Et après que par l'isolement on eut converti vingt-cinq millions de François en vingt-cinq millions de fois un François on les immola un à un. Voilà si je ne me trompe toute la théorie de la révolution et les journaux sont la révolution même réduite à sa plus simple expression. Les charbons révolutionnaires étant donc ainsi conservés sous la cendre des journaux le volcan révolutionnaire sera toujours prêt à se rallumer tant qu'il y aura des journaux.

Depuis trente années on nous promet la liberté de la presse. Le Roi nous l'a promise aussi. Mais S. M. seule a tenu sa royale parole : car cette liberté existe aujourd'hui dans toute sa plénitude. Ce n'est donc pas la liberté de la presse que réclament les J. que veulent-ils donc ? Le voici : ils veulent qu'on les paye d'avance car c'est la principale différence qu'il y a entre un journal et un livre. On paye un journal avant de le recevoir au lieu qu'on ne paye un livre qu'en le recevant. Assurément il seroit facile de montrer que cette précaution inusitée parmi les François n'est pas avouée par la délicatesse. Je me borne à faire observer que ce mode anticipé de payement est précisément ce qui gêne le plus la liberté d'écrire. En effet un J. qui arbore une couleur et tout J. a la sienne promet au public que moyennant une somme de il restera fidèle à cette couleur. Ceux qui l'aiment payent trois mois d'avance. Mais si à l'expiration de ce terme le J.

changeoit de système les abonnés se retireroient. Le J. est donc un homme qui moyennant un salaire actuel engage sa pensée à venir. Et je demande si un tel écrivain est aussi indépendant que celui qui ayant embrassé une opinion aujourd'hui en changera demain si demain il trouve qu'aujourd'hui il s'est trompé. Est-ce que le militaire qui chemine par étapes est aussi libre dans sa route que le citoyen qui en voyageant ne reçoit d'ordres que de sa volonté ? Il n'y a de libre que l'homme qui ne dépend que de lui-même.

M. Guizot croit que la révolution se préparoit bien long-temps avant qu'elle n'eût éclaté. Je pense au contraire comme on l'a dit avant moi qu'un gouvernement énergique l'auroit fait avorter. Malheureusement les moyens d'attaque étoient fort connus des ennemis de l'autorité : mais les dépositaires de l'autorité ne connoissoient pas les moyens de gouverner. Ceux-ci ignoroient surtout une vérité que je ne sache pas même qui ait été articulée autre part que dans cet écrit savoir que l'opinion émane du roi comme la justice et au même titre que la justice. Au lieu donc de laisser les séditieux se saisir du sceptre de l'opinion et en frapper l'autorité il falloit au contraire que l'autorité s'emparât du sceptre de l'opinion et les en frappât eux-mêmes. Le pouvoir auroit ainsi conservé le respect qui lui est dû. Mirabeau connu par ses propres œuvres auroit été avili. Déféré aux tribunaux il auroit été banni de France et la paix y seroit restée. Sans doute l'incorruptible ou plutôt l'incorrigible Robespierre ne se seroit pas corrigé : mais de la même bassesse d'ame dont il adula le peuple il auroit adulé le monarque. Dès-lors plus de révolution. Des états - généraux et point d'assemblée nationale. Toujours le dogme françois de l'exclusive souveraineté de nos rois et non l'apparition de cette monstruosité sociale appelée souveraineté du peuple. Et cet ordre de choses substitué à celui sous lequel nous avons gémi si long-temps auroit été produit par le seul déplacement du sceptre de l'opinion c'est-à-dire en mettant l'opinion entre les mains du pouvoir à qui seul il appartient d'en être l'organe. Les J. qui s'en disent les interprêtes ne le sont pas. Des gens qui de leur propre aveu ne font qu'une *entreprise mercantile* ne représentent que leurs intérêts. Le Roi seul représente l'intérêt public.

Mais dit M. Fiévée (page 289) : « Les hommes qui ont une réputation trouvent le tribunal de la censure plus odieux que le tribunal révolutionnaire. »

J'ai dit dans la première partie de cet écrit que les J. en refusant la défense à ceux qu'ils attaquent imitent les tribunaux révolutionnaires qui disoient au prévenu qui vouloit se justifier : *Citoyen tu n'as pas la parole.* Et je crois cette remarque juste vu que tout citoyen attaqué dans un lieu public est autorisé par le droit naturel à se défendre dans le lieu même où il est attaqué. M. Fievée s'empare de cette idée et en fait une fausse application au gouvernement : car ce qui est vrai dans les relations de citoyen à citoyen cesse de l'être dans les relations des citoyens avec l'autorité. L'opinion est un de ses principaux ressorts. Comme donc on ne contestera pas sans doute au gouvernement le droit de gouverner il a conséquemment aussi le droit d'écarter de son chemin en les déconsidérant ceux qui entravent ses opérations. Bien entendu que la déconsidération est méritée car il n'en est que le juge. S'il a le droit de l'infliger il n'a pas celui de la créer : et la présomption ne permet pas de lui en supposer jamais le dessein vu que les passions qui rendent si abusif ce droit dans les mains de ceux qui en jouissent aujourd'hui sont étrangères au gouvernement. Ce pouvoir paroît grand aux J. puisqu'ils le comparent à la force des tribunaux révolutionnaires. Il est grand en effet. C'est le droit même de gouverner mis en acte : c'est le droit de gouverner tel que l'exercent aujourd'hui les J. et dont ils ne commencent à se plaindre que lorsqu'il s'agit de le déplacer et de le restituer à l'autorité à laquelle il appartient exclusivement. La considération et la déconsidération n'étant l'une et l'autre que des expressions diverses de la justice et à ce titre dérivant du roi comme la justice elle-même il s'ensuit que l'administration de la censure fait partie de l'administration publique. C'est donc l'exercice de la prérogative royale que M. Fiévée compare à un acte des tribunaux révolutionnaires !

Si ce langage paroît nouveau c'est que depuis trente années les J. dénaturent toutes les idées en France. Depuis trente années ils y fabriquent exclusivement l'opinion. Aujourd'hui elle est passablement dépravée : et c'est cette dépravation de l'opinion que vous voudriez messieurs nous faire considérer comme un des progrès de la civilisation ! Oh ! que nous sommes loin de compte! Vous êtes en extase devant votre ouvrage et il me fait horreur.

La seule application du principe que je viens d'énoncer savoir que l'opinion publique émane du roi attendu que le roi est le seul représentant inamovible du public suffiroit selon moi pour rendre stable l'ordre de choses actuel : ce qui est aujourd'hui l'unique vœu que nous ayons à former. C'est avec ce principe que je repondrois à M. Guizot qui dit : « Que ferez-vous de ces hommes énergiques et actifs qu'anime le besoin d'agrandir d'élever leur destinée : qui regardent l'honneur de servir directement leur pays c'est-à-dire de participer à son gouvernement comme le but le plus digne de leurs efforts ? Vous ne changerez ni les hommes ni les choses ». (Des Moyens de gouvernement et d'opposition dans l'état actuel de la France, p. 329).

Pour parler sans rhétorique cela signifie que plusieurs personnes veulent être ministres. Qu'en ferez-vous ? Voici ce que moi j'en ferois. Je les laisserois tels qu'ils sont et là où ils sont. Je donnerois seulement un coup d'épingle à leur tambour : et j'ose assurer que leur tambour une fois crevé ils ne seroient pas plus incommodes que nous qui cheminons paisiblement sans tambour ni trompette. Ne semble-t-il pas que tout homme vient au monde avec un tambour au cou et une trompette sous le bras ? Tous ces tambours et toutes ces trompettes ne sont ni de l'ordre naturel ni de l'ordre social : tout cela n'appartient qu'au désordre révolutionnaire. Quoiqu'en dise M. Guizot mon coup d'épingle suffiroit pour changer et les *hommes* et les *choses* : car on déracineroit les ambitions désordonnées en rompant la voie par laquelle depuis trente années les ambitions désordonnées parviennent à leurs fins. De mon coup d'épingle il résulteroit ceci : permis à chacun de publier tel nombre d'écrits qu'il voudra et sous telle forme qu'il voudra. Mais nul ne prendra la parole dans une feuille publique hors celui qui est chargé de la gestion publique : vérité tellement élémentaire qu'il est étrange qu'il faille insister pour en prouver l'évidence et pour montrer qu'il est urgent de la mettre en pratique. Où puise par exemple sa force M. Guizot : est-ce dans sa métaphysique? La métaphysique est une bien triste recommandation pour un livre. Toute la force de cet écrivain est empruntée des journaux qui en le célébrant ou même en le combattant ont appelé l'attention publique sur son ouvrage.

Qu'on fasse un loi forte disent les J. et qu'on nous laisse notre liberté. Si nous manquons à la loi on nous punira. Rien ne semble plus raisonnable qu'un pareil vœu. Venons à l'application. La loi est promulguée. On calomnie l'administration. Elle porte plainte. Qui se présente ? Est-ce vous grand dignitaire de l'ordre ? Non pas. Vous n'êtes là que pour palper les écus. C'est l'éditeur responsable : et l'association ne manquera jamais d'éditeurs responsables vu qu'elle est en fonds pour les payer. Je suppose que les ministres triomphent, qu'ils triomphent même toujours et qu'ils sortent des premières luttes judiciaires aussi honorés qu'ils l'étoient avant que de s'y engager : en sera-t-il de même d'une série de procès si les procès se multiplient ? Quelle est la considération qui pourroit résister à ce système de chicanerie perpétuelle ? D'où vous voyez que si la proposition des J. étoit accueillie on leur livreroit un moyen infaillible de décréditer l'administration à volonté c'est-à-dire de la composer à leur gré c'est-à-dire enfin un moyen sûr de gouverner eux-mêmes.

Notez d'ailleurs qu'il est très-possible de harceler journellement l'administration sans se compromettre avec les tribunaux. Et si l'on rendoit si pénibles les fonctions publiques on ne trouveroit pour les remplir que des gens qui s'y porteroient par des motifs qui seuls les en rendroient indignes.

L'état des ministres sera donc sans garantie tant que l'opinion d'où naît la confiance sera la propriété des J. Pas plus de sûreté pour les citoyens. J'aime à croire que c'est par inadvertance mais la calomnie tombe souvent de la plume des J. quand on lit les feuilles publiques on est fatigué des perpétuelles réclamations que provoque cette guerre de calomnie. Si par hasard elle porte sur un point qui intéresse l'honneur au premier chef voilà l'homme qu'elle atteint malheureux pour le reste

de ses jours : car il est bien connu que les tribunaux n'ont pas le pouvoir de guérir les blessures
que fait la calomnie. L'honneur des François n'est
donc point garanti. Une conduite irréprochable
ne suffit donc pas pour vivre heureux. Les J. peuvent donc verser l'infortune sur qui ils veulent
car dit La Bruyère *le plus grand malheur après
celui d'être convaincu d'un crime est souvent
d'avoir à s'en justifier.*

Dans la première partie de cet écrit j'ai dit un
mot sur ce sujet. Mais comme la situation des
François est toujours la même à cet égard et que
tant qu'il y aura des feuilles publiques ils seront
exposés aux atteintes de la calomnie c'est-à-dire
à l'une des plus grandes calamités qui puissent les
affliger il faut en imitant Bossuet *crier encore plus
fort* dans l'espoir qu'alors peut-être on sera entendu : car les François ne se refusant à aucun des
sacrifices qu'on leur demande pour obtenir le repos devroient ce me semble pouvoir enfin jouir
du repos.

« Qui dispense la réputation dit Pascal : qui
donne le respect et la vénération aux personnes
aux ouvrages aux grands sinon l'opinion ? l'opinion dispose de tout. » Lors donc qu'on livre
l'opinion aux J. on les constitue maîtres de tout.
Et comment parvient-on aux fonctions de J. : est-
ce par l'éminence de ses talents ou par celle de ses

vertus? Non. Quelque immoral que soit un individu s'il a dix mille francs de rente il peut s'emparer du sceptre de l'opinion. Voilà donc les riches constitués les directeurs de l'opinion le lendemain d'une révolution qui d'après la notoriété publique n'a pas toujours enrichi ni les gens les plus vertueux ni les gens les plus éclairés. Quand la soif de l'or est si commune et si ardente est-il bien politique d'en accroître encore l'intensité en établissant que les charges de J. si attrayantes vu la part qu'elles donnent au pouvoir seront le prix de l'opulence?

Il en est de même de la Chambre des députés. L'or y conduit? — Non. Il y a ici une grande différence. La fortune rend apte à être député mais n'en rend pas digne. Bien qu'il faille être riche pour être député l'on n'est pas député par cela seul qu'on est riche. Il faut outre cela des lumières de la capacité des vertus pour mériter la confiance de ses concitoyens. Tandis qu'au contraire il suffit d'être riche pour être appelé à la chambre des J. et cependant la participation de ces derniers au pouvoir est bien plus grande puisqu'elle est perpétuelle.

La lettre que M. Charles Lacretelle a reçue de S. M. le roi de Prusse et qui a été insérée dans les journaux, me paroît une chose bien remarquable. Ce prince se montre bien plus grand que le grand Frédéric lui-même. Le prince actuel n'admet pas les gens de lettres à sa familiarité. Il fait mieux. Il leur montre de loin le chemin qui conduit à la véritable gloire littéraire. Je ne crains pas de dire qu'une pareille lettre bat plus la révolution que ne l'a battue dans Naples l'armée même des Autrichiens. Cette lettre a l'avantage de rallier l'opinion à l'ordre public : vue digne d'ungrand monarque car je ne pense pas comme l'a dit M. de Bonald que régner ce soit vouloir. A mon foible avis régner c'est diriger l'opinion incliner les volontés faire vouloir. Voilà pourquoi j'ai dit que ce sont les J. qui régnent aujourd'hui vu que tenant en leurs mains le gouvernail de l'opinion ils font vouloir ce qu'ils veulent.

On lit dans la Quotidienne du 16 novembre 1821 ce qui suit : *Il suffit qu'une nécessité politique soit proclamée par toutes les opinions pour qu'on doive lui supposer quelque chose de légitime.*

Un mot sur ce texte que je crains fort qui ne soit insidieux. On sait MM. les J. que votre prétention est d'être les interprêtes de l'opinion publique. Eh bien ! voulez-vous dire que lorsque les journaux royalistes et les journaux libéraux exprimeront le même vœu on doit céder à ce vœu ? Voyons. Décomposons les abstractions. L'abstraction qu'on appelle Quotidienne a deux propriétaires M. Michaud l'académicien et M. Fievée. Supposons que le Courrier français ait aussi deux propriétaires : ci quatre personnes. Si le vœu de ces quatre personnes doit être exaucé dès quelles le formeront et qu'elles se concertent par exemple pour renverser le ministère il seroit fort possible que nous changeassions de ministres aussi souvent que dans le Bas-Empire on changeoit d'empereur. Voulez-vous dire au contraire que lorsque les vingt-huit millions de François dont se compose le royaume formeront un vœu on doit l'accomplir ? Je suis parfaitement de votre avis. C'est à vous seulement à présent à trouver un mode clair positif incontestable de connoître ce vœu. Cherchez. Faites un effort de tête. Etes-vous embarrassé ? Moi je le suis moins que vous et je l'ai trouvé ce représentant du vœu de vingt-huit millions de François. Ce représentant c'est le Roi de France. Que si c'est cela que vous avez voulu dire il n'y falloit pas tant de détours. Quoiqu'il en soit c'est cela que vous deviez dire.

J'ai supposé déjà le cas où la paix étant rompue une puissance pourroit en soudoyant un ou plusieurs J. en France y semer la discorde. Mais comme nous serons peut-être assez heureux pour jouir toujours de la paix plaçons-nous dans une autre hypothèse. Supposons qu'il y ait en France un ambitieux qui après s'être enrichi dans les troubles révolutionnaires veuille se frayer à travers le désordre un chemin à l'autorité. Sans les journaux que pourra-t-il ? Rien. Mais avec son or et un journal dégagé des liens de la censure il peut en brouillant tout arriver à tout. C'est sur l'échelon des journaux que Robespierre est monté au pouvoir.

On a fait beaucoup de lois sur les journaux et c'est toujours de mal en pis : car la dernière est sans contredit la plus mauvaise de toutes puisqu'elle consacre le despotisme des J. Ces tentatives infructueuses ont produit l'opinion générale où l'on est aujourd'hui qu'une bonne loi sur les journaux est très-difficile à faire. J'oserai dire plus. Je la crois impossible. Pourquoi ? Parce qu'il ne s'agit pas ici d'une faculté ordinaire qu'on puisse soumettre aux règles sociales. La liberté des journaux c'est la licence de la presse : et à quelles règles peut-on soumettre la licence? Règle et licence sont deux choses qui s'excluent. La liberté des journaux est un reliquat d'anarchie révolutionnaire et il n'est au pouvoir de personne d'organiser l'anarchie vu qu'à l'apparition de l'ordre l'anarchie disparoît et réciproquement. On tourneroit donc vingt années autour d'une loi à faire sur les journaux sans pouvoir faire une bonne loi sur les journaux. Il n'y a qu'une loi à imposer à la licence révolutionnaire c'est de l'interdire.

Les journaux sont un foyer d'intrigues toujours ardent : le point de mire de tous les mécontentements et de toutes les ambitions. Supposons qu'il y ait dix mille mécontents en France. S'ils étoient isolés leur influence sur l'opinion seroit presque nulle. Mais lorsqu'ils concentrent leurs efforts dans les feuilles publiques ces dix mille mécontents exercent sur l'opinion une influence relative à leur nombre. Dans ce dernier cas ils ont donc une force comme dix mille : tandis que dans le premier ils n'ont une force que comme dix mille fois un : ce qui comme on voit est bien différent.

L'administration se crée donc à elle-même des obstacles lorsqu'elle fournit aux mécontents un moyen à l'aide duquel ils peuvent s'entendre et correspondre d'un bout de l'univers à l'autre. Je ne dirai point à l'administration : *divise et tu régneras :* mais pourquoi réunir ce qui de soi-même est séparé et ce qu'il est utile qui soit séparé?

La preuve que les journaux ne sont nullement essentiels au gouvernement représentatif est qu'il a subsisté long-temps en Angleterre sans journaux puisque ce n'est qu'en 1738 qu'ils ont commencé à rendre compte des débats parlementaires. Ils sont bien plutôt comme je l'ai dit un abus du gouvernement représentatif qu'ils n'en font l'essence : proposition qui se prouve suffisamment par la seule définition des termes : car les journaux sont une entreprise mercantile c'est-à-dire qu'ils sont consacrés à un intérêt privé tandis qu'au contraire les institutions sociales ont pour but l'intérêt public. Lors donc que les J. parviennent à faire en quelque sorte partie du gouvernement il est manifeste qu'ils entent un intérêt privé sur l'intérêt public et conséquemment qu'une pareille innovation est une dégénération du gouvernement.

La Quotidienne du 13 août 1821 emprunte une note à M. de Châteaubriand dans laquelle on lit : « Faites la part au temps à l'invincible nécessité ».

Cela paroît vague et obscur. Si vos adversaires sans s'expliquer plus intelligiblement invoquent aussi la nécessité que leur opposerez-vous ? Soit donc que la Quotidienne ait voulu ou non réfuter ainsi indirectement mon *Traité des papiers publics* moi je dis : tant qu'on a laissé la liberté aux journaux ils ont renversé l'ordre public. Pendant tout le temps que l'usurpateur les enchaîna l'ordre public n'a couru aucun danger. Cette expérience faite sur les journaux est d'autant plus décisive qu'elle a été faite contradictoirement et pendant quinze années de liberté et pendant quinze années d'asservissement. Et il me semble que la plus impérieuse de toutes les *né-cessités* c'est de rédiger les lois d'après les documents que fournit l'expérience.

On ne cesse de répéter que les ouvrages de Voltaire et de Rousseau ont produit la révolution : mais je crois qu'on se trompe. Spinosa Hobbes Bayle etc. avoient écrit· et il n'y avoit point de révolution. Le venin déposé dans les écrits de Voltaire et de Rousseau y reposoit paisiblement depuis plus de cinquante ans et il y reposeroit probablement encore si les J. Mirabeau Robespierre Marat Brissot Condorcet Freron Hébert Perlet Carra Mercier Louvet etc. ne l'en avoient extrait et ne l'avoient mis en circulation. Les journaux sont la monnoie des livres. Les principes pernicieux que ceux-ci renfermoient ne sont devenus offensifs envers l'ordre social que du moment qu'à l'aide des feuilles publiques ils sont parvenus à la connoissance du peuple. Il est donc vrai de dire que les journaux seuls ont fait la révolution. L'or et l'argent font commettre aujourd'hui beaucoup de crimes : mais il est manifeste que la corruption publique auroit un grand stimulant de moins si ces dangereux métaux étoient restés enfouis dans le sein de la terre.

Qu'est-ce qu'un journal ? On le sait. Une entreprise de commerce. Et quels sont les fonds essentiels de ce commerce : ces fonds sont-ils des marchandises mortes qui une fois achetées appartiennent au spéculateur? Non. Le fond de ce commerce est une marchandise vivante qui n'a jamais appartenu et ne peut jamais appartenir aux entrepreneurs : c'est la réputation des hommes. Voilà le fond principal la matière première de l'entreprise des J. Aussi lorsqu'on scrute leurs opérations : lorsqu'on révèle tout ce qu'a d'odieux un pareil maquignonage ils se taisent ils pâlissent ! Interpellés sur leur despotisme il faudroit le justifier : et ce n'est pas chose facile en France que d'y justifier le despotisme. Ce n'est pas à cela que s'amusent les despotes : ils l'exercent et ne le justifient pas. Les J. parleroient plutôt des affaires de toute la terre que de ce qu'ils font. Ils parlent même de ce qu'on fait pour faire oublier ce qu'ils font. Ils cachent leurs affaires particulières sous les affaires publiques. Leur affaire essentielle est de rendre compte des livres : d'asservir sans penser tous ceux qui pensent : de s'enrichir sans travail du travail que font les autres. Voilà au fond ce qu'ils ambitionnent et ce que toujours ils obtiennent facilement : car rendre compte de quelques brochures ne paroît pas une chose fort importante. Toutefois cela leur suffit pour gouverner sous tous les gouvernements attendu qu'alors même qu'ils rendent compte d'une histoire de la Cochinchine ils ont l'art de renfermer tout un traité encyclopédique dans leurs trois colonnes et que parlant ainsi chaque jour et des choses et des personnes dans des feuilles qui ont une immensité de lecteurs ils étendent leur domination sur tout. Celui qui saura tout ce qu'il y a de puissance attachée au privilége de rendre compte des livres connoîtra la puissance des J.

Dès que vous jugez les autres dans un livre on peut vous juger vous-même dans un journal. — Voilà le sophisme sur lequel roule cette mystification publique appelée journaux. Nulle parité entre ces deux choses car si je fais un livre contre vous vous pouvez en faire un contre moi. Mais si vous m'opposez un journal je ne puis vous en opposer un autre car je n'ai pas comme vous dix mille francs de rente : et quand je les aurois il me faut dix ans pour accréditer un journal et pendant ce temps vous ruinez ma réputation.

L'antagoniste du journal qui vous attaque vous défendra. — En le payant : et même il ne me défendra jamais quand il s'agira de quelque chose qui intéresse le corps des J. car ils ruineroient eux-mêmes leur pouvoir si l'on trouvoit dans les journaux à se défendre contre leur tyrannie. D'ailleurs quand je serois toujours sûr de trouver une épée en la payant fort cher pourquoi faut-il que je la sollicite de mon voisin quand la vôtre est toujours à votre côté ? Vainement les J. entasseront so-

'phismes sur sophismes il sera toujours vrai de dire que la manière dont ils attaquent leurs concitoyens est repoussée et par le droit naturel et par le droit social. Elle devroit même être interdite par la seule loyauté françoise. Un François n'attaque pas avec du canon celui qui n'a qu'une épingle pour sa défense.

Eh quoi! faudroit-il acheter les livres sans les connoître? — Les connoissez-vous mieux aujourd'hui que vous ne les connoissez que sur la foi de gens qui vous déclarent eux-mêmes qu'ils trafiquent de leurs jugements? La Bruyère a fixé avec le profond jugement qui le distingue les limites que ne doit jamais franchir celui qui annonce un livre dans une feuille publique. « Le devoir du nouvelliste dit-il est de dire : Il y a un tel livre qui court et qui est imprimé chez Cramoisy en tel caractère : il est bien relié et en beau papier : il se vend tant. Il doit savoir jusqu'à l'enseigne du libraire qui le débite. Sa folie est d'en vouloir faire la critique. »

Si vous voulez un jugement sur les livres il faut un tribunal : car vous ne jugez pas un homme sans l'entendre et un livre représente son auteur. Voyez ce que j'en ai dit plus haut. Nul jugement sur les livres ou jugement régulier. Hors de là il n'y a qu'oppression pour les auteurs et déception pour le public : et je ne crains pas d'ajouter que si l'on ne rapporte pas la loi du 19 juin on leur rendroit un grand service en les exilant du royaume vu que partout ailleurs des écrivains françois trouveroient de l'encouragement. En les exilant dis-je car tant que des dangers de mort ne les y contraindront pas jamais des François n'abandonneront d'eux-mêmes leur patrie. Mais souffrir les auteurs en France : leur laisser croire qu'ils ont une propriété dans leur plume et autoriser en même temps une compagnie de marchands à briser cette plume toutes les fois qu'ainsi le veulent leur intérêt leurs passions ou leurs caprices! j'ose dire que ce procédé n'est pas digne du gouvernement loyal et paternel sous lequel nous avons le bonheur de vivre.

Il me semble que si l'on imprimoit aux esprits cette impulsion qui leur fait ambitionner la gloire scientifique et littéraire on les éloigneroit d'autant des discussions politiques qui agitent l'ordre social. Et que faudroit-il pour donner aux esprits cette nouvelle et paisible direction ? Une seule chose à mon avis : il suffiroit de rendre accessible à tous la gloire scientifique et littéraire en faisant tomber le mur de séparation que le despotisme des J. a élevé entr'eux et toutes les personnes qu'ils ne protègent pas.

La Charte nous a été accordée après de longues infortunes. Les droits qu'elle consacre nous sont donc bien acquis et l'on ne doit vendre à personne ce qu'elle donne indistinctement à tous. Il faut donc ou interdire les journaux ou permettre à chacun d'en faire sans fournir de cautionnement: car si l'exploitation d'un journal est licite tout le monde doit l'obtenir sans la payer: que si cette exploitation est illicite nul ne doit l'obtenir même en la payant.

L'ancienne Gazette de France appartenoit au gouvernement qui en employoit les produits à faire des pensions à des savants à des hommes de lettres ou à des artistes. Privé de ce revenu le gouvernement est obligé d'être plus sobre de récompenses. Les fonds qui étoient consacrés à encourager les progrès des lumières ont été envahis par ceux qui font tout ce qu'il est possible de faire humainement pour les éteindre.

Le jour où l'on verra quelque branche du ministère les préfectures les mairies devenir le patrimoine de quelques particuliers ce sera un grand scandale sans doute : toutefois un scandale non moins grand est de voir le ministère de l'opinion publique tombé au pouvoir des J.

Le Journal général de l'imprimerie et de la librairie est exécuté d'après le mode tracé par La Bruyère : et la nature d'un tel journal montre clairement qu'il ne peut jamais devenir la propriété légitime d'un particulier. Un pareil journal est par la nature même des choses placé sous la dépendance immédiate de la direction de l'imprimerie et de la librairie : et comme la direction de l'imprimerie et de la librairie est une charge qui n'appartient point à un particulier et que l'Etat seul en dispose il s'ensuit que le journal qui est attaché à cette direction est l'exclusive propriété de l'Etat.

Si l'on songe que le journal de l'Empire a produit pendant une année dix-huit cent mille francs on jugera de quel immense revenu seroit un seul journal exploité comme il doit l'être au profit exclusif de l'autorité. Toutefois si cette propriété ne devoit être formée qu'au préjudice des propriétés particulières à Dieu ne plaise que moi qui n'écris ici que pour défendre la morale publique je voulusse en provoquer la violation. Cette opération ne feroit tort à personne : c'est au contraire le gouvernement qui est lésé en ce moment par la prétendue propriété des J. laquelle est un empiétement sur la propriété réelle du gouvernement. La vente des actes de l'autorité appartient à l'autorité et n'appartient qu'à elle. On la voit forcée par l'empire des circonstances à demander aux peuples des tributs considérables : elle aura moins à demander quand elle ne laissera pas dilapider sa propriété. Mais le plus grand des bénéfices que nous ferions tous seroit l'entier rétablissement de l'ordre qui reposeroit désormais sur des bases immuables.

Le point seul de la question est donc de savoir si les J. sont légitimes propriétaires et de l'opinion

cette prétendue propriété n'est autre chose qu'une usurpation sur les droits évidents et imprescriptibles de tous les François.

« Est-il un petit coin de cet Univers dit le *Miroir* du 12 janvier 1822 que la dispute n'agite et ne tourmente ? » Voilà l'effet des journaux. Comme ils nous donnent chaque jour le texte de nos conversations elles s'imprégnent naturellement de l'aigreur dont ils sont animés. Cet esprit querelleur pénible pour le présent et inquiétant pour l'avenir s'éteindra difficilement tant que les journaux seront là pour l'attiser sans cesse. Mais nul doute qu'il ne s'appaisât plus tôt si circonscrivant la contestation dans les livres on lui fermoit tout accès dans les feuilles publiques en leur substituant l'impassibilité d'un journal officiel. Je ne pense pas qu'on obtînt le même effet en se bornant à fermer la bouche aux J. libéraux. Une mesure générale qui ne laisseroit la parole publique qu'au pouvoir qui seul a mission et caractère pour être l'organe du public rempliroit ce semble mieux l'objet attendu qu'elle ne pourroit blesser l'amour-propre de personne.

Les J. cherchent à attendrir le public sur leur prétendu esclavage et à lui faire croire que leur cause est la sienne. Il s'en faut de beaucoup que cela ne soit vrai. Au contraire si on les affranchit de leur prétendu esclavage c'est alors que le public sera leur esclave comme il l'est aujour-

à qui pour quelques annonces d'ouvrages dont de temps à autre on leur accorde la faveur les J. font croire que leur cause est commune. L'intérêt des libraires est dans la liberté générale d'écrire ainsi que je l'ai déjà fait observer : au lieu que sous l'empire des J. il n'y a de liberté d'écrire que pour eux et pour leurs amis. La liberté des J. est l'asservissement général et la gêne sociale qu'ils éprouvent n'est point un esclavage. La poudre est-elle esclave parce qu'il n'est pas permis d'en faire des fusées à la congrève ?

Tant que les journaux continueront à fabriquer exclusivement l'opinion publique ils l'égareront. Une cause qui intéresse tout le monde devroit être plaidée contradictoirement : impossible cependant. Les J. se prévalant de leur propriété repousseront toujours toutes personnes qui voudroient plaider contre les journaux dans les journaux. Que si vous restez toujours messieurs maîtres de l'opinion : comme c'est à l'aide de l'opinion qu'on fait la loi ou que du moins on en facilite le règne vous êtes maîtres de la loi. Vous parlez ensuite de l'esclavage de la presse ! Les presses ne sont pas esclaves ce sont nos personnes. Les J. nous ont muselés. Erreur de personnes. Ce sont les J. qu'il faut museler et non pas la nation. Ils demandent leur émancipation : mais ce n'est pas ce dont il s'agit. Ils détournent l'attention publique du véritable état de la question. Il s'agit de délivrer les François du joug des J. et c'est au nom de la Charte qui a émancipé le François que je réclame leur émancipation.

Les J. louent ou dénigrent. S'ils dénigrent ils sont crus attendu le malheureux penchant de l'homme à croire facilement ce qui humilie les autres. S'ils louent ils ne sont pas crus. Au contraire ils perdent ce qu'ils louent et précisément même parce qu'ils le louent. Pourquoi ? Parce qu'ainsi que l'a dit feu **M.** le J. Suard *les journaux sont absolument discrédités*. (Mém. sur M. Suard par M. Garat tome 2 page 428.) semblables à des négociants qui ont fait plusieurs fois faillite il n'est plus en leur pouvoir d'accréditer leur papier.

Les J. sont inutiles au gouvernement qui n'a nul besoin d'eux pour débiter ses actes : ils sont inutiles aux auteurs dont La Bruyère a exprimé le vœu : ils sont inutiles au public qui les désavoue pour ses organes car c'est lui qui a fait ce proverbe : *menteur comme une gazette :* à qui donc sont utiles les journaux ? Aux J. qui seuls s'enrichissent d'un commerce qui nuit à tout le monde. Par suite de cet instinct secret qui même à leur insu porte tous les êtres animés à écarter ce qui nuit à leur conservation les J. ne veulent pas entendre parler d'oubli : car l'oubli amèneroit l'union et l'union amèneroit leur ruine. Sous peine de tomber dans l'in-

digence les J. sont obligés de nous tenir continuel-
lement sur la roue d'Ixion.

Le corps législatif en reconnaissant la nécessité
de la censure a jugé par là même que les journaux sont hostiles envers l'ordre social. Il faut
donc les supprimer du moins la partie hostile des
journaux savoir l'œuvre des J. et ne conserver que
la partie non hostile des journaux savoir les actes
de l'autorité. Cette partie hostile est un livre qui doit
être imprimé ailleurs vu que partout ailleurs il peut
être atteint par la loi lorsqu'il devient par trop nui-
sible : au lieu que volant sur l'aile des journaux il
ne pourroit être poursuivi qu'après que le mal
qu'il auroit fait seroit irremédiable. Ou il ne falloit
pas établir la censure ou il faut donner à cette mesure le complément qu'elle appelle. Ou les journaux sont dangereux et alors il faut les supprimer :
ou ils ne sont pas dangereux et il faut supprimer
la censure. Vous frémissez à l'idée de remettre la
bride sur le cou à des gens à qui jamais impuné-
ment pour l'ordre public on n'a laissé la bride sur
le cou ! Revenez donc aux vrais principes en cette
matière et vous y trouverez la sécurité de l'ordre
public : vous ferez l'avantage de tous même des J.
qui ne pouvant être heureux aujourd'hui qu'ils
font le tourment de leurs concitoyens le devien-
dront lorsque cultivant en paix leur champ ils ne
fourrageront plus le champ d'autrui.

Les J. dont plusieurs font des livres qui bons ou mauvais sont habituellement vantés toujours vendus car fidèles à l'esprit de corps tout J. fait vendre le livre d'un J. : passe-moi la rhubarbe je te passerai le séné : les J. dis-je réclament contre la loi qui veut que dix ans après la mort d'un auteur les livres qu'il a mis au jour tombent dans le domaine public : et cette réclamation me paroît juste. Mais je ne trouve pas juste que ces mêmes J. veuillent se maintenir dans le privilége de spolier un auteur du vivant de cet auteur : car qu'est-ce que leurs fameux articles : qu'est-ce que ce privilége de juger un auteur sans l'entendre sinon le privilége de spolier un auteur du vivant de cet auteur puisqu'un livre décrédité est comme un champ ravagé par la grêle ! L'art du J. est repoussé par la conscience publique d'accord avec la conscience du genre humain qui crie jusque dans les pays les plus sauvages que nous ne devons jamais faire aux autres ce que nous ne voudrions pas qu'on nous fît à nous-mêmes. Voilà le véritable contrat social et il n'y en a point d'autre : contrat impérissable attendu que tous les hommes en portent le texte écrit dans leur propre raison.

Les journaux et la censure ne sont utiles qu'aux J. et aux censeurs vu que les premiers gagnent beaucoup d'argent à faire un fort mauvais ouvrage et que les seconds gagnent beaucoup d'argent à le réformer sans même parvenir toujours à le rendre meilleur : car la censure s'attache plus à supprimer les personnalités que les doctrines tandis que les personnalités ne blessent que les individus et que les doctrines pernicieuses font tort au public en ce qu'elles corrompent l'opinion publique.

Lorsqu'une corporation déclare elle - même qu'elle est redoutable aux citoyens il n'y a plus à délibérer sur son sort car la liberté sociale n'existe dans sa plénitude que lorsque les citoyens n'ont rien à craindre que la loi : ou plutôt il ne s'agit plus que d'examiner si cette corporation n'a pas exagéré ses propres torts. Mais si son histoire atteste qu'elle a toujours été non-seulement redoutable aux individus mais encore funeste à l'ordre public qu'elle a toujours renversé tant qu'on l'a laissée libre dans ses opérations : il ne reste plus qu'un de ces deux partis à prendre : ou de se préparer encore une fois aux funérailles de l'ordre social ou de supprimer une pareille corporation.

Heureusement le corps législatif est là pour stipuler non les intérêts d'une compagnie de marchands mais les intérêts de la société entière : et si les J. succombent ils ne devront s'en prendre qu'au délire de leurs opérations. Après s'être constitués d'eux-mêmes intermédiaires entre l'autorité et le public ils ont voulu dominer et le public et l'autorité : c'est trop. L'abus du pouvoir en amène le terme.

L'injustice à la fin produit l'indépendance.

Corn.

Quel qu'ait été en France le crédit qu'une corporation y ait acquis on n'y en a pas encore vu une seule se montrer hostile envers le public et envers l'autorité et triompher de cette double puissance.

Dira-t-on que la réforme des journaux demanderoit un effort de courage ? Je ne sais : mais lorsque je m'adresse à des François je suis certain de m'adresser à des hommes courageux. « Il n'est pas plus permis a dit sur une autre matière monseigneur le chancelier de reculer devant un devoir que de reculer devant l'ennemi » : Sentence énergique bien digne du vénérable magistrat qui avant de recommander le courage en avoit donné l'exemple.

UN MOT

Sur la Gazette de France du 30 juillet 1821.

J'aurois cru être infidèle à ma cause si ayant à son appui deux des premières autorités de France j'avois négligé de m'en prévaloir. Je me suis donc honoré du suffrage de M. de Villèle et de M. le Garde-des-sceaux. Que répond à cela le gazetier de France? Le voici : *M. Gay nous apprend qu'il y a en Europe mais bien loin de chez nous deux ministres : il les nomme qui partagent son sentiment sur les journaux.* Je m'abstiens de réflexions sur un pareil langage. Le J. continue : *Cela m'étonne beaucoup : mais au lieu de deux y en eût-il deux cents je ne me tiendrois pas encore pour battu et je lui dirois ce que dans les lettres provinciales un interlocuteur dit à son adversaire qui entasse moines sur moines à l'appui de son opinion : mais mon père des moines ne sont pas des raisons. Les autorités que cite M. Gay sont sans doute très-respectables surtout dans la question qui nous occupe et personne assurément ne les respecte plus que moi : mais un bon argument ne vaudroit il pas encore mieux ?*

Un bon argument ne vaudroit-il pas encore mieux ? Quand le gazetier a prononcé cette sentence sur cet écrit il en avoit sous les yeux les deux premières parties formant 114 pages. Supposons que j'en mette encore au jour 114 autres dans lesquelles j'aurai exposé tout ce que mon foible entendement aura pu me fournir de meilleur sera-t-il bien difficile au gazetier de dire de cette nouvelle production qu'elle ne contient pas un bon argument:où trouver sur la terre un homme qui soit aussi prompt à composer des ouvrages qu'un J. est expéditif à les détruire? Il faut donc se taire en laissant aux abonnés le soin d'examiner si le gazetier qu'ils payent pour leur dire la vérité-la leur dit. Et même je n'ai pas cette ressource car il n'est pas en mon pouvoir de faire connoître aux abonnés de la Gazette de France la plainte que je forme ici et le gazetier se gardera bien de la leur faire parvenir.

Voilà ce qui fait la force d'un J. Il mystifie d'un côté les auteurs: il mystifie de l'autre ses abonnés sans que les uns ni les autres puissent se communiquer la mystification commune dont ils sont respectivement l'objet et y mettre un terme en se la communiquant. Telle est la théorie de la calamité sociale que je déplore ici laquelle en tuant le génie des François tarit une des sources les plus abondantes des richesses de la France : car c'est bien moins à son territoire qu'elle en est redevable qu'au génie de ses habitants. Le sol d'Espagne est d'une nature aussi productive plus productive peut-être que celui de France : et cependant la misère désole l'Espagne. La terre n'est rien sans le génie qui la féconde. Tuer le génie des François c'est répandre la désolation en France.

Les journaux sont dans la Charte dit le gazetier. Et sur quoi fonde-t-on cette assertion? le voici : La Charte permet de publier ses opinions. Donc il est permis de faire des journaux. Certes MM. les sophistes voilà une fière enjambée car il me semble que vous associez là des choses qui ne s'associent guère. Voyons examinons-les une à une. Vous dites que vous voulez publier vos pensées c'est-à-dire faire le commerce de vos pensées. Permis. Vous êtes les maîtres de vos actions et rien ne s'oppose à celle-là. J'ajoute même que votre commerce sera probablement fort lucratif si toutes vos pensées sont de la profondeur de celle que je discute en ce moment. Mais vous voulez plus que faire le commerce de vos pensées. Vous voulez encore faire 1.º le commerce des nouvelles publiques. 2.º faire le commerce des actes du gouvernement. 3.º Faire le commerce des livres des auteurs car c'est de ces trois commerces que se compose un journal : car un journal proprement dit ne se compose que de ces trois commerces-là. Mais il me semble de toute évidence que pour faire le commerce des nouvelles du public il vous faut le consentement du public : que pour faire le commerce des actes du gouvernement il vous faut le consentement du gouvernement et qu'enfin pour faire le commerce des livres des auteurs il vous faut le consentement des auteurs. Si vous avez ces trois consentements c'est à vous à nous les faire connoître : mais si vous ne pouvez les produire ce que vous appelez votre *entreprise mercantile* ne me semble autre-chose qu'un commerce de contrebande.

Si la Charte avoit consacré les journaux elle auroit mis en elle-même le principe de sa propre destruction : car l'histoire des journaux fait foi que semblables au feu grégeois ils dévorent tout ce qu'ils touchent. Parler est un droit : établir une tribune sur la place publique et y pérorer est l'abus du droit de parler. Imprimer est un droit : imprimer un journal qui au fond n'est autre chose qu'une tribune est l'abus du droit d'imprimer. La Charte protège tous les droits : mais la Charte ne protège pas l'abus des droits. Voilà M. le gazetier ce qu'il vous faut essayer de réfuter si vous vous sentez en état de le réfuter. Mais il vous est peut-être plus facile de dire que mon écrit ne contient pas un bon argument que de faire vous-même un bon argument.

Je ne veux pas réfuter au moins en ce moment tout cet article qui selon l'habitude de ce gazetier est plein d'artifice et d'assertions fausses : encore un mot seulement. Il prétend que je manque de *prudence*. Comme je ne pense pas que ce soit la corporation qui me donne cet avertissement par l'organe du gazetier je réponds audit gazetier qu'il offense ses confrères. Je ne pourrois m'exposer à quelque danger en leur résistant-qu'autant qu'ils ne seroient pas honnêtes et ce que le gazetier appelle mon *courage* les honore.

A l'exception du gazetier qui a répondu comme on vient de le voir nul J. n'a réfuté le *Traité des papiers publics*. On dira peut-être qu'ils n'ont pas voulu rendre compte d'un écrit qui combat les journaux dans la crainte de le faire connoître. Cela se peut. Cependant tous les jours ils rendent compte et ne craignent pas ainsi de faire connoître des écrits qui attaquent des objets bien autrement respectables qu'un journal. D'ailleurs étoient-ils libres de se taire ? je ne le pense pas. Un écrivain indépendant qu'on attaque peut à son choix répondre ou ne répondre pas à son adversaire. Mais ainsi que je l'ai déjà remarqué un J. n'est pas un écrivain indépendant. En se faisant payer trois mois d'avance il engage sa plume pour trois mois et l'un de ses engagements porte qu'il fera connoître à ses abonnés les écrits qui paroissent : et certainement s'il est une question qui intéresse ceux qui payent des journaux c'est la question de savoir s'il est utile qu'il y ait des journaux. Que si nonobstant leur engagement qui fai-

soit aux J. un devoir impérieux de parler ils se sont ré-
fugiés dans le silence c'est un indice qu'ils ont cru que
pour tuer cet écrit le silence étoit un moyen plus sûr
que le débat. Ils avouent donc ainsi implicitement eux-
mêmes qu'il n'est pas en leur pouvoir de terrasser en la
discutant la doctrine que j'expose ici. Or vous noterez
que la première partie de cet écrit ayant paru en janvier 1819 ils ont eu trois années pour examiner le parti
qu'ils devoient prendre à cet égard.

Les journaux sont rédigés en telle sorte qu'il faut aujourd'hui que tous les citoyens ainsi que les ministres lisent
chaque jour non pas un seul journal mais tous les journaux : chaque citoyen pour s'assurer si son honneur
n'est pas compromis au premier chef par quelque mé-
prise des J. : les ministres pour voir s'il n'y a pas quelque attaque en termes plus ou moins clairs dirigés contre eux. A présent je voudrois qu'on me dît quel est le
temps qui peut rester pour se livrer à des travaux sé-
rieux lorsqu'on s'est fatigué l'esprit par la lecture de
cette multitude de journaux qui nous accablent. Si les
lumières éprouvent un affoiblissement notable : si peu
d'ouvrages marqués au coin du génie signalent l'époque
actuelle je ne pense pas qu'il en faille chercher la cause
ailleurs.

Quant au ministère sa position est toujours embar-
rassante. S'il prend parti pour les J. royalistes il déplaira aux J. libéraux. S'il prend parti pour les J. libéraux
il déplaira aux J. royalistes. S'il prend ce fameux parti
du milieu qui sans être le plus mauvais de tous est
pourtant bien mauvais il déplaira aux uns et aux autres. Comment faire ? Comment ? Il faut supprimer une

corporation qui ne cesse de harceler le Gouvernement
quel que soit le parti qu'il embrasse et suivre invaria-
blement les voies larges et loyales de la monarchie : bien
certain que de cette manière et sans l'assistance des J.
toujours payée trop cher puisqu'ainsi que je l'ai déjà remarqué ils perdent tout ce qu'ils louent le Gouvernement ralliera à lui la France qui est tout entière vouée
à la légitimité.

Telle est la pétition que je soumets respectueusement
au Corps Législatif en le suppliant de vouloir bien considérer que le grand atelier des révolutions qui si elles
éclatent encore l'engloutira lui les J. et nous est de
notre temps dans l'institution des journaux et que conséquemment tant qu'elle restera debout l'abîme des
révolutions ne sera jamais fermé.

Bien qu'il me semble nécessaire au maintien de
l'ordre public comme au repos des citoyens que le sceptre de l'opinion rentre dans les mains exclusives du
pouvoir à qui ce sceptre appartient exclusivement cependant on jugera peut-être à propos de conserver les
journaux. Dans ce cas mon vœu seroit que lorsqu'un J.
attaque un ouvrage dans sa feuille l'auteur fût autorisé
à défendre son ouvrage dans la feuille même qui le combat : car déchirer un livre c'est attenter à une propriété
aussi sacrée que toute autre. Il doit donc être interdit
aux J. de juger les livres : ou si l'attaque est permise
la défense doit l'être : sans quoi la liberté de publier ses
pensées promise à tous par la Charte n'est réellement
accordée qu'aux J.